PROGRAMME D'EXAMEN

POUR LES JEUNES PRÊTRES

POUR L'ANNÉE 1876.

ECRITURE SAINTE.

Quels sont les livres dont se compose le Canon des Catholiques? — des Juifs? — des Protestants? — Qu'entend-on par l'inspiration des livres saints, et jusqu'où s'étend-elle? — Quels sont les divers sens que peut présenter le texte sacré ? — Quelles sont les règles, soit générales, soit particulières, d'une bonne interprétation? — Quelles sont les principales versions des saintes Ecritures? Qu'est-ce que la version des *Septante*, et quelle en est la valeur? — Qu'est-ce que l'ancienne version italique, la *Vulgate*? En quel sens la *Vulgate* est-elle authentique? Que penser des traductions en langue vulgaire? A quelles conditions la lecture en est-elle permise?

Dans quelles dispositions d'esprit et de cœur le prêtre doit-il étudier la sainte Ecriture, pour retirer de cette étude, pour lui et pour les autres, les fruits précieux qui y sont attachés?

Pentateuque, ou *Genèse, Exode, Lévitique, Nombres, Deutéronome.*

Faire voir que Moïse est l'auteur de ces livres. — Qu'ils n'ont subi aucune altération essentielle et que leur véracité est incontestable.

En quelle langue ces livres ont-ils été écrits? — A quelle époque? — Quel est le sujet de chacun? — Quel est le caractère de ces livres sous le rapport de la composition et du style?

1

Faire le précis de ce qui concerne la mission de Moïse et montrer qu'elle a un caractère divin.

Quel est l'auteur de la loi mosaïque? Sous le nom de Jéhova faut-il reconnaître le Verbe de Dieu ou simplement un ange? — Précis des dogmes mosaïques. — L'unité de Dieu est-elle une vérité fondamentale de la loi mosaïque? — Jéhova n'est-il pas, aux yeux de Moïse et de son peuple, un Dieu local, plus puissant, mais de même nature que ceux des autres nations? — Précis de la morale mosaïque. — La peut-on réduire à l'amour de Dieu et du prochain? — Le prouver par quelques textes clairs et formels. — Prescriptions de Moïse se rapportant à la sainteté des mœurs. — La polygamie et le divorce, permis par Moïse, ne dérogent-ils pas à cette sainteté? — Peut-on dire que les mœurs des nations voisines fussent aussi pures que celles des Hébreux?

Pourrait-on trouver dans la hiérarchie sacerdotale des Hébreux des relations avec la hiérarchie que présente le sacerdoce catholique? — Qualités requises des prêtres dans l'ancienne loi, leurs obligations. — Tribu sacerdotale; respect dont elle était environnée.

Diverses sortes de sacrifices dans la loi mosaïque; leurs rites communs et particuliers. — Raisons mystérieuses de ces rites. — Origine et objet des sacrifices sanglants, figure du sacrifice de nos autels.

La loi mosaïque avait-elle des sacrements? — Quelle idée nous donne-t-elle de la sainteté qui convient au peuple de Dieu? — Quel moyen offrait-elle pour acquérir, conserver ou réparer cette sainteté? — Que penser de la circoncision, des observances légales, abstentions, etc.? — Des fêtes mosaïques. — A quelle époque remonte l'institution du sabbat et quels furent les motifs de cette institution? — Rappeler les principales solennités des Hébreux, le but, le cérémonial et la signification de chacune d'elles.

Des lois politiques chez les Hébreux. En quel sens la législation était-elle théocratique? — Y avait-il gouvernement direct de Dieu, vrai monarque d'Israël, ou bien domination unique et absolue de la corporation sacerdotale? — Quelle était l'autorité des magistrats civils, des chefs militaires, des prophètes, et plus tard des rois? — Comparer la législation de Moïse à celles de l'antiquité, et faire voir sa supériorité.

Difficultés à résoudre. Les six jours de la création, jours naturels ou époques. — Tentation des premiers parents. — Unité de l'espèce humaine. — Antiquité des Chaldéens, des Egyptiens, des Chinois, des Indiens, mise en opposition avec la chronologie de Moïse. — Longévité des patriarches antédiluviens. — Universalité du déluge. — Tour de Babel et confusion des langues. — Pluie de feu qui consuma Sodome. — Plaies d'Egypte. — Passage de la mer Rouge. — Extermination des Chananéens.

THÉOLOGIE.

Traités de la Religion, des Actes humains, de la Conscience, des Lois.

DROIT CANONIQUE.

NOTIONS GÉNÉRALES.

Qu'est-ce que le droit canonique? — En quoi diffère-t-il de la théologie? — Quelles sont ses divisions? — Distinguer le droit *ancien* et le droit *nouveau*, le droit *commun* et le droit *particulier* ou *local*.

Quelles sont les sources du droit canonique et quelle est leur autorité relative? — Quelles sont les principales collections des lois ecclésiastiques? — Canons et constitutions apostoliques. — Denys le Petit. — Isidore Mercator; ses décrétales; ont-elles réellement créé une discipline nouvelle? — Gratien; sources où il a puisé, son plan, son autorité. — Décrétales de Grégoire IX, plan de cette compilation, son autorité. — Sexte des Décrétales; son auteur, son autorité. — Septième des Décrétales. — Clémentines. — Extravagantes de Jean XXII. — Communes. — Qu'est-ce que la discipline ecclésiastique? — Quelles conditions doivent réunir les lois ecclésiastiques pour obliger les consciences? — Faut-il que les lois émanant du souverain pontife soient promulguées, non-seulement à Rome, mais dans chaque diocèse? — Faut-il qu'il y ait acceptation?

Concile de Trente, ses décrets sur la discipline. — Ont-ils été publiés en France? — Est-ce le clergé qui s'est opposé à la publication des décrets disciplinaires de ce concile?

Décision des Congrégations romaines; quelle est leur autorité? — Faire connaître en particulier les Congrégations du Concile, du Saint-Office, de la Pénitencerie, de la Daterie.

Quelles sont les conditions nécessaires pour que la discipline particulière d'une Église soit légitime?

Quelles sont les principales sources de la discipline particulière de l'Église de France, et quelle est leur autorité? — Pragmatique sanction; que faut-il en penser? — Concordat de Léon X et de François Ier, ses principales dispositions. — Déclaration de 1682; quelle est la valeur de cet acte? — Constitution civile du clergé, ses principales erreurs. — Concordat de 1801. — Teneur de la bulle *Qui Christi Domini*. — Articles organiques; quelle est leur valeur aux yeux de l'Eglise. — Concordats de 1817, de 1822. — Depuis ces concordats, les anciens priviléges que s'attribuaient certains siéges en France subsistent-ils encore?

PATROLOGIE.

Qu'est-ce qu'un Père de l'Eglise? — Qu'est-ce qu'un Docteur? — Quels sont les auteurs qui ont mérité dans l'Eglise l'une ou l'autre de ces qualifications? — Quels sont les avantages de l'étude des Pères? — Quelles sont les règles à suivre dans cette étude?

S. *Justin.* — Donner une notice historique sur sa vie. — Faire l'énumération de ses ouvrages. — Donner l'analyse de sa première *Apologie.*

HISTOIRE ECCLÉSIASTIQUE.

Depuis le commencement de l'ère chrétienne jusqu'à la conversion de Constantin.

ÉLOQUENCE SACRÉE.

Quelles sont les fins du ministère de la parole? — Quelles sont les intentions et les autres dispositions dont le prédicateur doit être animé, et quelles sont celles qu'il doit sévèrement exclure de son esprit en annonçant la parole sainte?

Donner une idée des différentes espèces de discours chrétiens : du prône, de l'homélie, du sermon, de la conférence en monologue et de la conférence sous forme de dialogue, du catéchisme. Quelles sont les règles propres à chacun de ces divers genres de composition?

PROGRAMME D'EXAMEN

POUR L'ANNÉE 1877

ÉCRITURE SAINTE.

Job. — Les Psaumes.

Quel est l'auteur du livre de Job? — A quelle époque et en quelle langue a-t-il été écrit? — Quel en est le sujet? — A-t-il dans toutes ses parties un caractère historique? Quel en est le caractère sous le rapport de la composition et du style? — Comment interpréter le texte sur la résurrection?

Difficultés à résoudre. — Job a-t-il réellement existé, ou n'est-ce qu'un personnage symbolique, et le livre qui porte son nom n'est-il qu'un poëme allégorique? — Quelle est la question débattue entre Job et ses amis?

Psaumes. — Tous les psaumes sont-ils de David? — Quelle est l'authenticité et la valeur canonique des livres des Psaumes? — En quel temps les Psaumes ont-ils été réunis en corps d'ouvrage, et quel est leur nombre? La Vulgate et l'hébreu s'accordent-ils en ce point? — Antiquité, origine et vicissitudes de la version vulgate des Psaumes? — Pourquoi la version de S. Jérôme n'a-t-elle pas été adoptée pour cette partie de l'Écriture?

Faire voir que les Psaumes renferment un résumé de la doctrine, de la morale, de l'histoire et des prophéties de l'Ancien Testament.

Quelle était la destination des Psaumes chez les Hébreux? — Étaient-ils composés d'après un rhythme déterminé, comme on le trouve dans les compositions poétiques des Grecs et des Latins? — Comment était exécuté le chant des Psaumes? — La réunion de ces chants sacrés forme dans l'antiquité qui a précédé Jésus-Christ un recueil unique de prières que l'Église catholique a pu adopter comme l'expression complète des sentiments chrétiens; tirer les conséquences de ce fait étonnant. — Signaler dans les Psaumes II, III, VIII, XV, XXI, XLIX, LXXI et CIX, les prophéties qui se rapportent à Jésus-Christ et à son Eglise.

Difficultés à résoudre. — Comment concilier l'inspiration du livre des Psaumes, soit avec les imprécations du Psalmiste contre ses ennemis, soit avec sa doctrine sur les morts qu'il dit incapables de louer Dieu?

THÉOLOGIE

Traités de l'Eglise, des Péchés, des Censures et des Irrégularités.

DROIT CANONIQUE

DES PERSONNES.

Qu'entend-on par hiérarchie, par juridiction? — En quoi le pouvoir de *juridiction* diffère-t-il du pouvoir d'*ordre*? — L'Eglise a-t-elle de droit divin un pouvoir de juridiction? — Quel en est l'objet, soit essentiel, soit accidentel? — En qui réside le pouvoir de juridiction de l'Eglise, et sur quelles personnes s'étend cette juridiction? — La juridiction de l'Eglise est-elle indépendante des pouvoirs séculiers? Quelles sont les conséquences de cette indépendance? — Quelles sont les principales divisions de la juridiction ecclésiastique? — Qu'est-ce que la juridiction *volontaire? contentieuse? ordinaire? déléguée? immédiate? médiate?*

Comment s'acquiert la juridiction ordinaire? — Qu'est-ce que l'institution canonique, et quelle en est la nécessité dans tous les cas? —

Qu'entend-on par *titre*, et combien de sortes en distingue-t-on? — Quelle juridiction le Pape a-t-il sur l'Eglise universelle, soit relativement à la foi, soit relativement à la discipline? — Y a-t-il des causes majeures exclusivement réservées au souverain Pontife?

Qu'est-ce qu'un patriarche? — un primat? — un métropolitain? — un évêque? — Quels sont leurs droits respectifs et l'étendue de leur juridiction? — Qu'est-ce que le concile général? — Les conditions pour qu'il soit légitime? — Son autorité en matière de foi et de discipline? — Qu'est-ce que le concile provincial? — Qui le convoque? — De quels membres est-il composé? — Quel est l'objet, la valeur de ses décisions? Mêmes questions sur le synode diocésain.

Les évêques peuvent-ils recevoir leur institution d'ailleurs que du souverain Pontife? — A quel moment peuvent-ils commencer à exercer leur juridiction sur leur diocèse? — Un évêque nommé peut-il gouverner son diocèse à titre de vicaire capitulaire, ou sous quelque autre titre, avant d'avoir reçu l'institution canonique? — Les évêques sont-ils pasteurs immédiats de tous leurs diocésains?

Quelle est la juridiction des vicaires généraux de l'évêque? Quels sont les actes qu'ils ne peuvent faire qu'en vertu d'une délégation spéciale?

A qui est confié le gouvernement du diocèse pendant la vacance du siége? — Le Chapitre peut-il le gouverner par lui-même ou collectivement? — Les vicaires capitulaires sont-ils révocables par le Chapitre? Quand cesse leur juridiction?

Quelle est l'origine des paroisses? — Leur institution est-elle de droit divin? — Les curés ont-ils la juridiction ordinaire sur leur paroisse? — Cette juridiction leur confère-t-elle le droit de faire des règlements qui obligent en conscience, comme ceux des évêques? — Peuvent-ils dispenser des lois générales de l'Eglise, ou des statuts diocésains? — De la juridiction des curés de succursales. — Est-elle la même que celle des autres curés? — Les vicaires ont-ils la juridiction ordinaire? — Peuvent-ils exercer leur juridiction sur les paroissiens hors du territoire de la paroisse?

Comment s'acquiert la juridiction déléguée? — Qui peut déléguer? — Qui peut être délégué?

Que faut-il entendre par Ordres religieux?— Qu'entend-on par vœux simples, — solennels? — Les religieux et religieuses font-ils en France des vœux solennels?

Qu'est-ce que la profession religieuse? — Quelles causes peuvent empêcher l'entrée en religion? — A quoi obligent les vœux d'obéissance et de pauvreté? — Autorité du souverain Pontife sur les communautés religieuses. — Juridiction de l'Ordinaire sur les Réguliers. — Pouvoirs du supérieur respectif de chaque communauté.

PATROLOGIE.

Tertullien. — Notice historique sur sa vie. — Énumération de ses écrits orthodoxes, hérétiques. — Analyse de l'*Apologétique* et du traité *des Prescriptions*.

HISTOIRE ECCLÉSIASTIQUE.

Depuis la conversion de Constantin jusqu'à la mort de S. Grégoire le Grand.

ÉLOQUENCE SACRÉE.

Donner une idée de la manière de prêcher de S. Jean Chrysostome, de S. Augustin, de S. Léon, de S. Grégoire le Grand, — de Bossuet, de Bourdaloue, de Massillon, du P. Brydaine.

PROGRAMME D'EXAMEN

POUR L'ANNÉE 1878

ÉCRITURE SAINTE.

Isaïe, Jérémie et Baruch, Ezéchiel, Daniel. — En quelle langue et à quelle époque ces livres ont-ils été écrits? — Caractère du style de chacun d'eux.

Isaïe. — Son histoire. — Ses prophéties sont-elles authentiques? — Faire connaître les principales parties de son livre et expliquer ce qui regarde Cyrus. — Expliquer les prophéties relatives à Notre-Seigneur et contenues dans les chapitres VI, VIII, IX, XI, XL, LII et LIII.

Jérémie. — Histoire de ce prophète. — Objet général de ses prophéties. — Occasion et sujet de ses lamentations. — Quelles sont les prophéties de Jérémie qui regardent Jésus-Christ, l'Église, l'abrogation de la loi?

Ezéchiel. — En quel temps vécut ce prophète? — Précis et explication de quelques-unes de ses visions et prophéties relatives à Notre-Seigneur, à l'Église, au nouveau temple.

Daniel. — A quelle époque vécut ce prophète? — Expliquer la prophétie des soixante-douze semaines et celle qui regarde la succession des empires.

Difficultés à résoudre. — Pourquoi les prophètes se servent-ils ordinairement dans le discours du temps présent pour exprimer les choses futures? — Quelles sont, dans les desseins de Dieu, les causes de l'obscurité des prophéties? — Ne peut-on pas assigner aussi une cause naturelle de cette obscurité? — Pourquoi le langage d'action est-il souvent employé par les prophètes? — Pourquoi les prophéties ont-elles ordinairement deux objets, l'un prochain et l'autre éloigné?

THÉOLOGIE

Traités de la Trinité, de l'Incarnation. — *Du Décalogue.*

DROIT CANONIQUE

DES PERSONNES (suite).

Comment cesse la juridiction ordinaire? — Démission. — Quelles sont les conditions pour qu'elle soit valide et licite? — Qu'entend-on par Translation? Est-elle licite? — Les translations forcées sont-elles permises, et à quelles conditions? — Qui est juge de ces conditions? — Un office ecclésiastique vaque-t-il quelquefois, et quand par le *seul fait*? — La juridiction ordinaire peut-elle être restreinte, et de quelle manière? — Parler des exemptions et des réserves.

Comment cesse la juridiction déléguée? — Révocation. — Terme du temps fixé dans la délégation. — Fin de la cause. — Changement dans le déléguant et dans le délégué.

Qu'est-ce que l'inamovibilité dans les offices ecclésiastiques? — L'inamovibilité des curés qu'on nomme desservants est-elle conforme au droit commun? — Peut-on dire qu'elle est anticanonique? — La situation actuelle des desservants n'est-elle pas suffisamment légitimée par l'usage et par l'assentiment du souverain Pontife? Pourrait-on changer cet état de choses sans avoir recours à l'autorité du Saint-Siége?

Les pasteurs sont-ils tenus à la résidence? — Quelle doit être cette résidence? — Quelles sont les causes qui peuvent en dispenser? — Quelles sont les peines portées par le droit contre ceux qui ne résident pas?

Qu'entend-on par *abus*? Quels sont les principaux abus qui peuvent avoir lieu dans l'usage de la juridiction? — Quels en sont les remèdes canoniques? — En quoi consiste l'*appel comme d'abus,* dans le sens qu'on y attache en France? — Quelle est son origine? est-elle légitime?

Célibat. Etablir l'obligation du célibat imposé aux clercs engagés dans les ordres sacrés. — Cette loi est-elle divine ou ecclésiastique? — Son origine est-elle apostolique? — Quelle a été et quelle est dans cette matière la discipline de l'Eglise? — Quels sont les motifs de cette institution? — Montrer son influence morale et sociale?

Office divin. — Quelle est son origine? — Sa forme a-t-elle toujours été la même? — Les clercs engagés dans les ordres sacrés sont-ils obligés de réciter l'office? — Quelles causes peuvent dispenser de le réciter? — En quel cas doit-on recourir au Saint-Siége pour obtenir dispense à ce sujet? — En quel temps de la journée doit-on réciter le Bréviaire?

Quelles sont les obligations des chanoines au sujet de l'office divin?

Habit ecclésiastique. — En quoi consiste-t-il? — L'obligation de se conformer aux lois et règlements sur ce sujet est-elle grave?

PATROLOGIE.

S. Basile. — Notice historique sur sa vie. — Enumérer ses écrits. — Donner une idée de ses homélies sur l'*Hexaéméron.*

S. Grégoire de Nazianze. — Notice historique sur sa vie. — Enumération de ses écrits. — Analyse de ses discours sur le *Sacerdoce* et les *Pauvres,* premier et seizième.

HISTOIRE ECCLÉSIASTIQUE.

Depuis la mort de S. Grégoire le Grand jusqu'à Grégoire VII.

ÉLOQUENCE SACRÉE.

Quelle est la différence entre la manière de prêcher des Pères de l'Église et celle des prédicateurs modernes? — Laquelle est plus conforme au caractère d'autorité de la mission du prêtre? — Laquelle est plus utile dans notre temps et doit être plus fréquemment employée?

Tous les prêtres, même ceux qui ne sont pas employés dans les villes, doivent-ils étudier les grands modèles tant anciens que modernes? — Comment faut-il se diriger dans cette étude, pour que le commerce avec ces grands orateurs ne fasse pas contracter l'habitude d'écrire et de parler d'une manière qui dépasserait l'intelligence de l'auditoire auquel on s'adresse? — Défauts à éviter dans l'imitation.

PROGRAMME D'EXAMEN

POUR L'ANNÉE 1873

ECRITURE SAINTE.

Les quatre Evangiles. — Quels en sont les auteurs? — En quelle langue, à quelle époque et à quelle occasion chaque Evangile a-t-il été composé? — Caractère distinctif de chaque évangéliste et but particulier qu'il s'est proposé. — Raison de la simplicité du langage évangélique, si différent en cela du style de la plupart des livres de l'Ancien Testament. — Pourquoi Jésus-Christ n'a-t-il pas écrit ou fait écrire durant sa vie son Evangile? — Signaler les principales différences qui se trouvent dans le récit des évangélistes.

Indiquer les principaux miracles dont parle l'Evangile, et montrer qu'il est impossible d'en donner une explication naturelle. — Quelles sont les principales prédictions de Notre-Seigneur? — Faire voir en particulier que la prédiction relative à la ruine de Jérusalem s'est accomplie.

Faire connaître les divers passages des Evangiles qui sont empreints d'un caractère éclatant de divinité.

Exposer et réfuter le système d'interprétation mythique de l'exégèse allemande.

Difficultés à résoudre. — Conciliation des deux généalogies. — Etoile qui apparaît aux Mages. — Tentation de Jésus-Christ. — Noces de Cana; réponse de Notre-Seigneur à la sainte Vierge. — Possessions diaboliques; ne peuvent-elles pas être expliquées naturellement? Pourquoi si communes au temps de Jésus-Christ, et si rares de nos jours?

THEOLOGIE

*Traités de la Grâce, des Sacrements en général, de la Justice
et de la Restitution.*

DROIT CANONIQUE.

DES CHOSES.

Qu'entend-on par *choses saintes?* Combien de sortes faut-il en distinguer?

Choses spirituelles. — Combien y a-t-il de sortes de bénédictions? — Quelles sont celles qui sont réservées à l'évêque? — Quand les objets bénits perdent-ils leur bénédiction? — Qu'entend-on par *exorcismes?* — L'usage en est-il ancien dans l'Église? — A qui appartient le pouvoir de les faire?

Quels sont les suffrages que l'Église accorde aux morts? — Quelle en est l'efficacité? — A qui doit-on les refuser? — Qui a le droit d'accorder les honneurs de la sépulture ecclésiastique? — A qui doit-on les refuser? — Quelles sont les précautions à prendre quand on se croit dans la nécessité de refuser la sépulture ecclésiastique à un défunt?

A qui appartient-il d'instituer des fêtes? — Les évêques le peuvent-ils? — Comment doivent se célébrer les fêtes de l'Eglise? — Quelles sont les dispositions prises par le Saint-Siége touchant les fêtes supprimées ou renvoyées au dimanche, par suite du Concordat de 1801? — Pourquoi l'Eglise a-t-elle prescrit le jeûne et l'abstinence la veille des principales fêtes?

Quels sont les lieux où l'on peut célébrer les saints mystères? — Les églises ou oratoires ont-ils besoin d'une consécration ou d'une bénédiction spéciale pour qu'on puisse y célébrer? — Quelle différence y a-t-il entre la bénédiction et la consécration des églises? — A qui appartient-il de les réconcilier? — Les simples prêtres peuvent-ils être délégués par l'évêque pour cette réconciliation? — Peuvent-ils être délégués pas l'évêque pour bénir les cloches?

Quelles sont les règles et prescriptions de l'Eglise relativement aux saintes reliques, aux vases sacrés, aux linges d'autel, aux tableaux, aux fonts baptismaux, aux confessionnaux, aux tabernacles?

PATROLOGIE.

S. Ambroise. — Notice sur sa vie. — Enumération de ses écrits. — Analyse de son ouvrage *de Officiis.*

S. Jean Chrysostome. — Notice sur sa vie. — Enumération de ses écrits. — Analyse de son traité du *Sacerdoce.* — Appréciation de son discours sur la *Disgrâce d'Eutrope* et de ses homélies au peuple d'Antioche sur *les Statues.*

HISTOIRE ECCLÉSIASTIQUE.

Depuis S. Grégoire VII jusqu'à l'établissement des Papes à Avignon.

ÉLOQUENCE SACRÉE.

Faut-il, pour se conformer au goût de notre siècle, renoncer à prêcher le dogme, ou n'y toucher que légèrement, et se contenter de prêcher la morale chrétienne? Dans les discours de morale doit-on se borner à établir et à développer les principes généraux, sans entrer dans le détail des devoirs particuliers qui regardent l'auditoire auquel on s'adresse? — Quels défauts doit-on éviter dans l'exposition des détails et dans la peinture des mœurs?

Est-il à propos de prêcher la controverse devant toute espèce d'auditoire? — En la prêchant quels dangers doit-on éviter, dans le choix de la thèse, dans l'exposé et la preuve de cette thèse, dans l'objection et dans la réponse, dans la manière de traiter les adversaires, et enfin dans la forme des conclusions?